TRAITÉ DE PAIX

ENTRE

LE ROI,

LE ROI D'ESPAGNE

ET

LE ROI DE LA GRANDE-BRETAGNE,

Conclu à Paris le 10 Février 1763.

AVEC

L'ACCESSION DU ROI DE PORTUGAL.

A PARIS,

DE L'IMPRIMERIE ROYALE.

M. DCCLXIII.

L OUIS, par la grace de Dieu,
Roi de France et de Navarre:
A tous ceux qui ces préfentes Lettres verront;
Salut. Comme notre très-cher & bien amé
coufin le Duc de Praflin, Pair de France,
Chevalier de nos Ordres, Lieutenant général
de nos armées & de notre province de Bretagne, Confeiller en tous nos Confeils, &
Miniftre & Secrétaire d'État & de nos commandemens & finances, en vertu du Plein-
pouvoir que nous lui en avons donné, auroit
conclu, arrêté & figné le 10 du préfent
mois de février, à Paris, avec le fieur Marquis de Grimaldi, Chevalier de nos Ordres,

A ij

Gentilhomme de la Chambre, avec exercice,
de notre très-cher & très-amé frère & coufin le
Roi d'Efpagne, & fon Ambaffadeur extraordinaire près de nous, pareillement muni de
fon Plein-pouvoir; & avec le fieur Duc de
Bedford, Miniftre d'État de notre très-cher
& très-amé frère le Roi de la Grande-Bretagne, Lieutenant général de fes armées, Garde
de fon fceau privé, Chevalier de l'ordre de la
Jarretière, & fon Ambaffadeur extraordinaire
& Plénipotentiaire près de nous, également
muni de fon Plein-pouvoir, le Traité définitif
de Paix & les articles féparés, dont la teneur
s'enfuit.

Au nom de la très-fainte & indivifible Trinité,
Père, Fils & Saint-Efprit. Ainfi foit-il.

Soit notoire à tous ceux qu'il appartiendra, ou
peut appartenir en manière quelconque. Il a plu au
Tout-puiffant de répandre l'efprit d'union & de con-
corde fur les Princes, dont les divifions avoient porté
le trouble dans les quatre parties du Monde, & de
leur infpirer le deffein de faire fuccéder les douceurs

de la paix aux malheurs d'une longue & sanglante
guerre, qui, après s'être élevée entre la France & l'An-
gleterre, pendant le régne du séréniffime & très-puiffant Prince GEORGE II, par la grace de Dieu, Roi
de la Grande-Bretagne, de glorieufe mémoire, a été
continuée fous le régne du séréniffime & très-puiffant
Prince GEORGE III, fon fucceffeur, & s'eft commu-
niquée, dans fés progrès, à l'Efpagne & au Portugal.
En conféquence, le séréniffime & très-puiffant Prince
LOUIS XV, par la grace de Dieu, Roi Très-Chrétien
de France & de Navarre; le séréniffime & très-puiffant
Prince CHARLES III, par la grace de Dieu, Roi
d'Efpagne & des Indes; le séréniffime & très-puiffant
Prince GEORGE III, par la grace de Dieu, Roi de
la Grande-Bretagne, Duc de Brunfwick & de Lune-
bourg, Archi-Tréforier & Électeur du faint Empire
Romain, après avoir pofé les fondemens de la Paix
dans les préliminaires fignés le 3 novembre dernier,
à Fontainebleau; & le séréniffime & très-puiffant
Prince Don JOSEPH Ier, par la grace de Dieu, Roi
de Portugal & des Algarves, après y avoir accédé,
ont réfolu de confommer fans délai ce grand & important ouvrage. A cet effet, les Hautes Parties contractantes
ont nommé & conftitué leurs Ambaffadeurs extraordinaires & Miniftres plénipotentiaires refpectifs, favoir;
Sa facrée Majefté le Roi Très-Chrétien, le très-illuftre

& très-excellent Seigneur César-Gabriel de Choiseul, Duc de Praſlin, Pair de France, Chevalier de ſes Ordres, Lieutenant général de ſes armées & de la province de Bretagne, Conſeiller en tous ſes Conſeils, & Miniſtre & Secrétaire d'État, & de ſes Commandemens & finances: Sa ſacrée Majeſté le Roi Catholique, le très-illuſtre & très-excellent Seigneur Don Jérôme Grimaldi, Marquis de Grimaldi, Chevalier des Ordres du Roi Très-Chrétien, Gentilhomme de la Chambre de Sa Majeſté Catholique, avec exercice, & ſon Ambaſſadeur extraordinaire près de Sa Majeſté Très-Chrétienne: Sa ſacrée Majeſté le Roi de la Grande-Bretagne, le très-illuſtre & très-excellent Seigneur Jean, Duc & Comte de Bedford, Marquis de Taviſtock, &c. ſon Miniſtre d'État, Lieutenant général de ſes armées, Garde de ſon Sceau privé, Chevalier du très-noble Ordre de la Jarretière, & ſon Ambaſſadeur extraordinaire & plénipotentiaire près de Sa Majeſté Très-Chrétienne: Sa ſacrée Majeſté le Roi Très-Fidèle, le très-illuſtre & très-excellent Seigneur Martin de Mello & Caſtro, Chevalier-Profès de l'Ordre de Chriſt, du Conſeil de Sa Majeſté Très-Fidèle, & ſon Ambaſſadeur & Miniſtre plénipotentiaire près de Sa Majeſté Très-Chrétienne. Leſquels, après s'être dûement communiqué leurs Plein-pouvoirs en bonne forme, & dont les copies ſont tranſcrites à la fin du préfent Traité de paix, font convenus des articles dont la teneur s'enfuit.

ARTICLE PREMIER.

IL y aura une Paix chrétienne, univerfelle & perpétuelle, tant par mer que par terre, & une amitié fincère & conftante fera rétablie entre Leurs Majeftés Très-Chrétienne, Catholique, Britannique & Très-Fidèle, & entre leurs héritiers & fucceffeurs, royaumes, états, provinces, pays, fujets & vaffaux, de quelque qualité & condition qu'ils foient, fans exception de lieux ni de perfonnes; en forte que les Hautes Parties contractantes apporteront la plus grande attention à maintenir entre Elles & leurfdits États & Sujets cette amitié & correfpondance réciproques, fans permettre dorénavant que de part ni d'autre on commette aucune forte d'hoftilités, par mer ou par terre, pour quelque caufe & fous quelque prétexte que ce puiffe être; & on évitera foigneufement tout ce qui pourroit altérer à l'avenir l'union heureufement rétablie, s'attachant au contraire à fe procurer réciproquement, en toute occafion, tout ce qui pourroit contribuer à leur gloire, intérêts & avantages mutuels, fans donner aucun fecours ou protection, directement ou indirectement, à ceux qui voudroient porter quelque préjudice à l'une ou à l'autre defdites Hautes Parties contractantes. Il y aura un oubli général de tout ce qui a pû être fait ou commis avant ou depuis le commencement de la guerre qui vient de finir.

I I.

LES Traités de Weſtphalie, de 1648; ceux de Madrid, entre les Couronnes d'Eſpagne & de la Grande-Bretagne, de 1667 & de 1670; les Traités de Paix de Nimègue, de 1678 & de 1679; de Ryſwick, de 1697; ceux de Paix & de Commerce d'Utrecht, de 1713; celui de Bade, de 1714; le Traité de la triple alliance de la Haye, de 1717; celui de la quadruple alliance de Londres, de 1718; le Traité de Paix de Vienne, de 1738, le Traité définitif d'Aix-la-Chapelle, de 1748; & celui de Madrid, entre les Couronnes d'Eſpagne & de la Grande-Bretagne, de 1750; auſſi-bien que les Traités entre les Couronnes d'Eſpagne & de Portugal, du 13 février 1668, du 6 février 1715, & du 12 février 1761; & celui du 11 avril 1713, entre la France & le Portugal, avec les garanties de la Grande-Bretagne, ſervent de baſe & de fondement à la Paix & au préſent Traité: & pour cet effet ils ſont tous renouvelés & confirmés, dans la meilleure forme, ainſi que tous les Traités en général qui ſub-ſiſtoient entre les Hautes Parties contractantes, avant la guerre, & comme s'ils étoient inſérés ici mot à mot; en ſorte qu'ils devront être obſervés exactement à

l'avenir

l'avenir dans toute leur teneur, & religieufement exé-
cutés de part & d'autre, dans tous les points auxquels
il n'eft pas dérogé par le préfent Traité, nonobftant
tout ce qui pourroit avoir été ftipulé au contraire par
aucune des Hautes Parties contractantes : & toutes
lefdites Parties déclarent qu'Elles ne permettront pas
qu'il fubfifte aucun privilége, grace ou indulgence, con-
traires aux Traités ci-deffus confirmés, à l'exception de
ce qui aura été accordé & ftipulé par le préfent Traité.

I I I.

TOUS les prifonniers faits de part & d'autre, tant
par terre que par mer, & les ôtages enlevés ou donnés
pendant la guerre & jufqu'à ce jour, feront reftitués
fans rançon, dans fix femaines au plus tard à compter
du jour de l'échange de la ratification du préfent Traité,
chaque Couronne foldant refpectivement les avances
qui auront été faites, pour la fubfiftance & l'entretien
de fes prifonniers, par le Souverain du pays où ils
auront été détenus, conformément aux reçûs & états
conftatés, & autres titres authentiques qui feront fournis
de part & d'autre; & il fera donné réciproquement
des fûretés pour le payement des dettes que les prifonniers auroient pû contracter, dans les États où ils
auroient été détenus jufqu'à leur entière liberté : Et
tous les vaiffeaux, tant de guerre que marchands, qui

B

auroient été pris depuis l'expiration des termes convenus pour la ceffation des hoftilités par mer, feront pareillement rendus de bonne foi, avec tous leurs équipages & cargaifons ; & on procédera à l'exécution de cet article immédiatement après l'échange des ratifications de ce Traité.

I V.

SA MAJESTÉ Très-Chrétienne renonce à toutes les prétentions qu'Elle a formées autrefois ou pû former à la Nouvelle-Écoffe ou l'Acadie, en toutes fes parties, & la garantit toute entière, & avec toutes fes dépendances, au Roi de la Grande-Bretagne : De plus Sa Majefté Très-Chrétienne céde & garantit à Sadite Majefté Britannique, en toute propriété, le Canada avec toutes fes dépendances, ainfi que l'ifle du Cap-Breton, & toutes les autres ifles & côtes dans le golfe & fleuve Saint-Laurent, & généralement tout ce qui dépend defdits pays, terres, ifles & côtes, avec la fouveraineté, propriété, poffeffion & tous droits acquis par Traités ou autrement, que le Roi Très-Chrétien & la Couronne de France ont eus jufqu'à préfent fur lefdits pays, ifles, terres, lieux, côtes & leurs habitans; ainfi que le Roi Très-Chrétien céde & tranf-porte le tout audit Roi & à la Couronne de la Grande-Bretagne, & cela de la manière & dans la forme la plus ample, fans reftriction, & fans qu'il foit libre de revenir, fous aucun prétexte, contre cette ceffion & garantie, ni de troubler la Grande-Bretagne dans les poffeffions fus-mentionnées. De fon côté, Sa Majefté Britannique convient d'accorder aux habitans du Canada la liberté de la religion Catholique ; en conféquence, Elle donnera les ordres les plus précis & les plus effectifs, pour que fes nouveaux fujets Catholiques Romains puiffent profeffer le culte de leur Religion, felon le rit de l'Églife Romaine, en tant que le permettent les loix de la Grande-Bretagne. Sa Majefté Britannique convient en outre que les habitans françois ou autres, qui auroient été Sujets du Roi Très-Chrétien en Canada, pourront fe retirer, en toute fûreté & liberté, où bon leur femblera, & pourront vendre leurs biens, pourvû que ce foit à des Sujets de Sa Majefté Britannique, & tranfporter leurs effets, ainfi que leurs perfonnes, fans être gênés dans leur émigration, fous quelque prétexte que ce puiffe être, hors celui de dettes, ou de procès criminels ; le terme limité pour cette émigration fera fixé à l'efpace de dix-huit mois, à compter du jour de l'échange des ratifications du préfent Traité.

V.

LES Sujets de la France auront la liberté de la pêche & de la fécherie fur une partie des côtes de l'ifle de Terre-neuve, telle qu'elle eft fpécifiée par

l'article XIII du Traité d'Utrecht, lequel article eſt re-
nouvelé & confirmé par le préſent Traité (à l'exception
de ce qui regarde l'iſle du Cap-Breton, ainſi que les
autres iſles & côtes dans l'embouchûre & dans le golfe
Saint-Laurent) : Et Sa Majeſté Britannique conſent
de laiſſer aux Sujets du Roi Très-Chrétien la liberté
de pêcher dans le golfe Saint-Laurent, à condition
que les Sujets de la France n'exercent ladite pêche
qu'à la diſtance de trois lieues de toutes les côtes
appartenantes à la Grande-Bretagne, ſoit celles du
continent, ſoit celles des iſles ſituées dans ledit golfe
Saint-Laurent : Et pour ce qui concerne la pêche ſur
les côtes de l'iſle du Cap-Breton, hors dudit golfe,
il ne ſera permis aux Sujets du Roi Très-Chrétien
d'exercer ladite pêche qu'à la diſtance de quinze lieues
des côtes de l'iſle du Cap-Breton ; & la pêche ſur les
côtes de la Nouvelle-Écoſſe ou Acadie, & par-tout
ailleurs hors dudit golfe, reſtera ſur le pied des Traités
antérieurs.

V I.

LE ROI de la Grande-Bretagne céde les iſles de
Saint-Pierre & de Miquelon, en toute propriété, à Sa
Majeſté Très-Chrétienne, pour ſervir d'abri aux Pê-
cheurs françois ; & Sadite Majeſté Très-Chrétienne
s'oblige à ne point fortifier leſdites iſles, à n'y établir
que des bâtimens civils pour la commodité de la pêche,

& à n'y entretenir qu'une garde de cinquante hommes,
pour la police.

V I I.

AFIN de rétablir la paix fur des fondemens folides
& durables, & écarter pour jamais tout fujet de dif-
pute, par rapport aux limites des territoires françois
& britanniques, fur le continent de l'Amérique, il eft
convenu qu'à l'avenir les confins entre les États de
Sa Majefté Très-Chrétienne & ceux de Sa Majefté
Britannique, en cette partie du monde, feront irrévo-
cablement fixés par une ligne tirée au milieu du fleuve
Miffiffipi, depuis fa naiffance jufqu'à la rivière d'Iber-
ville, & de-là, par une ligne tirée au milieu de cette
rivière & des lacs Maurepas & Pontchartrain, jufqu'à
la mer : Et à cette fin le Roi Très-Chrétien céde en
toute propriété & garantit à Sa Majefté Britannique la
rivière & le port de la Mobile, & tout ce qu'il pof-
sède ou a dû poff9éder du côté gauche du fleuve
Miffiffipi ; à l'exception de la ville de la Nouvelle-
Orléans, & de l'ifle dans laquelle elle eft fituée, qui
demeureront à la France : bien entendu que la navi-
gation du fleuve Miffiffipi fera également libre, tant
aux Sujets de la Grande-Bretagne, comme à ceux de
la France, dans toute fa largeur & dans toute fon
étendue, depuis fa fource jufqu'à la mer, & nommé-

ment cette partie qui eſt entre la ſuſdite iſle de la Nouvelle-Orléans & la rive droite de ce fleuve, auſſi-bien que l'entrée & la ſortie par ſon embouchûre. Il eſt de plus ſtipulé que les bâtimens appartenans aux Sujets de l'une ou l'autre nation ne pourront être arrêtés, viſités, ni aſſujétis au payement d'aucun droit quelconque. Les ſtipulations inſérées dans l'article IV, en faveur des habitans du Canada, auront lieu de même pour les habitans des pays cédés par cet article.

V I I I.

Le Roi de la Grande-Bretagne reſtituera à la France les iſles de la Guadeloupe, de Marie-Galante, de la Deſirade, de la Martinique & de Belle-iſle; & les places de ces iſles ſeront rendues dans le même état où elles étoient quand la conquête en a été faite par les armes britanniques; bien entendu que les Sujets de Sa Majeſté Britannique qui ſe ſeroient établis, ou ceux qui auroient quelques affaires de commerce à régler dans leſdites iſles & autres endroits reſtitués à la France par le préſent Traité, auront la liberté de vendre leurs terres & leurs biens, de régler leurs affaires, de recouvrer leurs dettes, & de tranſporter leurs effets, ainſi que leurs perſonnes, à bord des Vaiſſeaux qu'il leur ſera permis de faire venir auxdites iſles & autres endroits reſtitués comme deſſus, & qui ne ſerviront qu'à cet ufage feulement, fans être gênés à caufe de leur Religion, ou fous quelqu'autre prétexte que ce puiffe être, hors celui de dettes ou de procès criminels; & pour cet effet, le terme de dix-huit mois eft accordé aux Sujets de Sa Majefté Britannique, à compter du jour de l'échange des ratifications du préfent Traité. Mais comme la liberté accordée aux Sujets de Sa Majefté Britannique, de tranfporter leurs perfonnes & leurs effets fur des Vaiffeaux de leur nation, pourroit être fujette à des abus, fi l'on ne prenoit la précaution de les prévenir, il a été convenu expreffément entre Sa Majefté Très-Chrétienne & Sa Majefté Britannique, que le nombre des Vaiffeaux anglois qui auront la liberté d'aller auxdites ifles & lieux reftitués à la France, fera limité, ainfi que le nombre de tonneaux de chacun; qu'ils iront en left, partiront dans un terme fixé, & ne feront qu'un feul voyage, tous les effets appartenans aux Anglois devant être embarqués en même temps. Il a été convenu en outre que Sa Majefté Très-Chrétienne fera donner les paffeports néceffaires pour lefdits Vaiffeaux; que pour plus grande fûreté, il fera libre de mettre deux Commis ou Gardes françois, fur chacun defdits Vaiffeaux, qui feront vifités dans les attérages & ports defdites ifles & lieux reftitués à la France, & que les marchandifes qui s'y pourront trouver, feront confifquées.

I X.

LE ROI Très-Chrétien céde & garantit à Sa Majefté Britannique, en toute propriété, les iſles de la Grenade & les Grenadins, avec les mêmes ſtipulations en faveur des habitans de cette Colonie, inférées dans l'article IV pour ceux du Canada; & le partage des iſles appelées Neutres, eſt convenu & fixé, de manière que celles de Saint-Vincent, la Dominique & Tabago, reſteront en toute propriété à la Grande-Bretagne, & que celle de Sainte-Lucie ſera remiſe à la France, pour en jouir pareillement en toute propriété; & les Hautes Parties contractantes garantiſſent le partage ainſi ſtipulé.

X.

SA MAJESTÉ Britannique reſtituera à la France l'iſle de Gorée, dans l'état où elle s'eſt trouvée quand elle a été conquiſe; & Sa Majefté Très-Chrétienne céde en toute propriété, & garantit au Roi de la Grande-Bretagne la rivière de Sénégal, avec les forts & comptoirs de Saint-Louis, de Podor & de Galam, & avec tous les droits & dépendances de ladite rivière de Sénégal.

X I.

DANS les Indes orientales, la Grande-Bretagne reſtituera à la France, dans l'état où ils ſont aujourd'hui,

les

les différens comptoirs que cette Couronne possédoit, tant fur la côte de Coromandel & d'Orixa, que fur celle de Malabar, ainsi que dans le Bengale, au commencement de l'année 1749 ; & Sa Majesté Très-Chrétienne renonce à toute prétention aux acquisitions qu'Elle avoit faites fur la côte de Coromandel & d'Orixa, depuis ledit commencement de l'année 1749. Sa Majesté Très-Chrétienne restituera de son côté tout ce qu'Elle pourroit avoir conquis fur la Grande-Bretagne, dans les Indes orientales, pendant la présente guerre, & fera restituer nommément Nattal & Tapanooly dans l'isle de Sumatra : Elle s'engage de plus à ne point ériger de fortifications, & à ne point entretenir de troupes dans aucune partie des États du Soubab de Bengale ; & afin de conserver la paix future fur la côte de Coromandel & d'Orixa, les François & les Anglois reconnoîtront Mahomet Aly-Khan pour légitime Nabab du Carnate, & Salabat Jing pour légitime Soubab du Decan ; & les deux Parties renonceront à toute demande ou prétention de satisfaction qu'Elles pourroient former à la charge l'une de l'autre, ou à celle de leurs Alliés Indiens, pour les déprédations ou dégâts commis, soit d'un côté, soit de l'autre, pendant la guerre.

X I I.

L'ISLE de Minorque fera restituée à Sa Majesté

Britannique, ainſi que le fort Saint-Philippe, dans le même état où ils ſe ſont trouvés, lorſque la conquête en a été faite par les armes du Roi Très-Chrétien, & avec l'artillerie qui y étoit lors de la priſe de ladite Iſle & dudit Fort.

X I I I.

LA ville & le port de Dunkerque ſeront mis dans l'état fixé par le dernier Traité d'Aix-la-Chapelle, & par les Traités antérieurs. La cunette ſera détruite immédiatement après l'échange des ratifications du préſent Traité, ainſi que les forts & batteries qui défendent l'entrée du côté de la mer; & il ſera pourvû en même temps à la ſalubrité de l'air & à la ſanté des habitans par quelque autre moyen, à la ſatisfaction du Roi de la Grande-Bretagne.

X I. V.

LA FRANCE reſtituera tous les pays appartenans à l'Électorat d'Hanovre, au Landgrave de Heſſe, au Duc de Brunſwick & au Comte de la Lippe-Buckebourg, qui ſe trouvent ou ſe trouveront occupés par les armes de Sa Majeſté Très-Chrétienne. Les places de ces différens pays ſeront rendues dans le même état où elles étoient quand la conquête en a été faite par les armes Françoiſes; & les pièces d'artillerie qui auront été tranſportées ailleurs, ſeront remplacées par le même nombre, de même calibre, poids & métal.

X V.

EN cas que les ſtipulations contenues dans l'article XIII des Preliminaires, ne fuſſent pas accomplies lors de la ſignature du préſent Traité, tant par rapport aux évacuations à faire par les armées de la France, des places de Clèves, de Wéſel, de Gueldres & de tous les pays appartenans au Roi de Pruſſe, que par rapport aux évacuations à faire par les armées Françoiſe & Britannique, des pays qu'elles occupent en Weſtphalie, Baſſe-Saxe, ſur le Bas-Rhin, le Haut-Rhin & dans tout l'Empire, & à la retraite des troupes dans les États de leurs Souverains reſpectifs, Leurs Majeſtés Très-Chrétienne & Britannique promettent de procéder de bonne foi avec toute la promptitude que le cas pourra permettre, auxdites évacuations, dont Elles ſtipulent l'accompliſſement parfait avant le 15 de Mars prochain, ou plus tôt, ſi faire ſe peut ; & Leurs Majeſtés Très-Chrétienne & Britannique s'engagent de plus, & ſe promettent de ne fournir aucun ſecours, dans aucun genre, à leurs Alliés reſpectifs, qui reſteront engagés dans la guerre d'Allemagne.

X V I.

LA déciſion des priſes faites, en temps de paix, par les Sujets de la Grande-Bretagne ſur les Eſpagnols, ſera remiſe aux Cours de juſtice de l'Amirauté de la

Grande-Bretagne, conformément aux règles établies parmi toutes les Nations; de forte que la validité defdites prifes entre les Nations Efpagnole & Britannique, fera décidée & jugée felon le droit des Gens & felon les Traités, dans les Cours de juftice de la Nation qui aura fait la capture.

X V I I.

SA MAJESTÉ Britannique fera démolir toutes les fortifications que fes Sujets pourront avoir érigées dans la baye de Honduras, & autres lieux du territoire de l'Efpagne, dans cette partie du monde, quatre mois après la ratification du préfent Traité; & Sa Majefté Catholique ne permettra point que les Sujets de Sa Majefté Britannique, ou leurs ouvriers, foient inquiétés ou moleftés, fous aucun prétexte que ce foit, dans lefdits lieux, dans leur occupation de couper, charger & tranfporter le bois de teinture ou de campêche; & pour cet effet, ils pourront bâtir fans empêchement, & occuper fans interruption les maifons & les magafins qui font néceffaires pour eux, pour leurs familles & pour leurs effets; & Sa Majefté Catholique leur affûre par cet article l'entière jouiffance de ces avantages & facultés fur les côtes & territoires Efpagnols, comme il eft ftipulé ci-deffus, immédiatement après la ratification du préfent Traité.

X V I I I.

SA MAJESTÉ Catholique se désiste, tant pour Elle que pour ses Successeurs, de toute prétention qu'Elle peut avoir formée en faveur des Guipuscoans, & autres de ses Sujets, au droit de pêcher aux environs de l'isle de Terre-neuve.

X I X.

LE ROI de la Grande-Bretagne restituera à l'Espagne tout le territoire qu'Il a conquis dans l'isle de Cuba, avec la place de la Havane; & cette place, aussi-bien que toutes les autres places de ladite isle, seront rendues dans le même état où elles étoient quand elles ont été conquises par les armes de Sa Majesté Britannique: bien entendu que les Sujets de Sa Majesté Britannique qui se seroient établis, ou ceux qui auroient quelques affaires de commerce à régler dans ladite Isle restituée à l'Espagne par le présent Traité, auront la liberté de vendre leurs terres & leurs biens, de régler leurs affaires, de recouvrer leurs dettes & de transporter leurs effets ainsi que leurs personnes, à bord des Vaisseaux qu'il leur sera permis de faire venir à ladite Isle restituée, comme dessus, & qui ne serviront qu'à cet usage seu-lement, sans être gênés à cause de leur Religion, ou sous quelque autre prétexte que ce puisse être, hors celui de dettes ou de procès criminels; & pour cet effet, le terme de dix-huit mois eſt accordé aux Sujets de Sa Majeſté Britannique, à compter du jour de l'échange des ratifications du préſent Traité. Mais comme la liberté accordée aux Sujets de Sa Majeſté Britannique, de tranſporter leurs perſonnes & leurs effets ſur des Vaiſſeaux de leur Nation, pourroit être ſujette à des abus, ſi l'on ne prenoit la précaution de les prévenir, il a été convenu expreſſément entre Sa Majeſté Catholique & Sa Majeſté Britannique, que le nombre des Vaiſſeaux anglois, qui auront la liberté d'aller à ladite Iſle reſtituée à l'Eſpagne, ſera limité, ainſi que le nombre de tonneaux de chacun; qu'ils iront en leſt, partiront dans un terme fixé, & ne feront qu'un ſeul voyage, tous les effets appartenans aux Anglois devant être embarqués en même temps. Il a été convenu en outre, que Sa Majeſté Catholique fera donner les paſſeports néceſſaires pour leſdits Vaiſſeaux; que pour plus grande ſûreté, il ſera libre de mettre deux Commis ou Gardes eſpagnols ſur chacun deſdits Vaiſſeaux, qui feront viſités dans les attérages & ports de ladite Iſle reſtituée à l'Eſpagne, & que les marchandiſes, qui s'y pourront trouver, feront confiſquées.

X X.

En conſéquence de la reſtitution ſtipulée dans l'article précédent, Sa Majeſté Catholique céde & garantit, en toute propriété, à Sa Majesté Britannique la Floride, avec le fort Saint-Augustin & la baye de Pensacola, ainsi que tout ce que l'Espagne possède sur le continent de l'Amérique septentrionale, à l'est ou au sud-est du fleuve Mississipi, & généralement tout ce qui dépend desdits pays & terres, avec la souveraineté, propriété, possession & tous droits acquis par Traités, ou autrement, que le Roi Catholique & la Couronne d'Espagne ont eus jusqu'à présent sur lesdits pays, terres, lieux & leurs habitans, ainsi que le Roi Catholique cède & transporte le tout audit Roi & à la Couronne de la Grande-Bretagne, & cela de la manière & dans la forme la plus ample. Sa Majesté Britannique convient, de son côté, d'accorder aux habitans des pays ci-dessus cédés la liberté de la religion Catholique; en conséquence Elle donnera les ordres les plus exprès & les plus effectifs, pour que ses nouveaux sujets Catholiques Romains puissent professer le culte de leur Religion, selon le rit de l'Église Romaine, en tant que le permettent les loix de la Grande-Bretagne. Sa Majesté Britannique convient en outre que les habitans Espagnols, ou autres, qui auroient été Sujets du Roi Catholique dans lesdits pays, pourront se retirer, en toute sûreté & liberté, où bon leur semblera, & pourront vendre leurs biens, pourvû que ce soit à des Sujets de Sa Majesté Britannique, & transporter leurs effets, ainſi que leurs perſonnes, ſans être gênés dans leur émigration, ſous quelque prétexte que ce puiſſe être, hors celui de dettes ou de procès criminels; le terme limité pour cette émigration étant fixé à l'eſpace de dix-huit mois, à compter du jour de l'échange des ratifications du préſent Traité. Il eſt de plus ſtipulé, que Sa Majeſté Catholique aura la faculté de faire tranſporter tous les effets qui peuvent lui appartenir, ſoit artillerie ou autres.

X X I.

L E S Troupes françoiſes & eſpagnoles évacueront tous les territoires, campagnes, villes, places & châteaux de Sa Majeſté Très-Fidèle en Europe, ſans réſerve aucune, qui pourront avoir été conquis par les armées de France & d'Eſpagne, & les rendront dans le même état où ils étoient quand la conquête en a été faite, avec la même artillerie & les munitions de guerre qu'on y a trouvées. Et à l'égard des colonies Portugaiſes en Amérique, Afrique, ou dans les Indes Orientales, s'il y étoit arrivé quelque changement, toutes choſes ſeront remiſes ſur le même pied où elles étoient, & en conformité des Traités précédens, qui ſubſiſtoient entre les Cours de France, d'Eſpagne & de Portugal, avant la préſente guerre.

X X I I.

TOUS les papiers, lettres, documens & archives
qui

qui fe font trouvés dans les pays, terres, villes & places qui font reftitués, & ceux appartenans aux pays cédés, feront délivrés ou fournis refpectivement & de bonne foi, dans le même temps, s'il eft poffible, de la prife de poffeffion, ou, au plus tard, quatre mois après l'échange des ratifications du préfent Traité, en quelque lieu que lefdits papiers ou documens puiffent fe trouver.

X X I I I.

TOUS les pays & territoires qui pourroient avoir été conquis, dans quelque partie du monde que ce foit, par les armes de Leurs Majeftés Très-Chrétienne & Catholique, ainfi que par celles de Leurs Majeftés Britannique & Très-Fidèle, qui ne font pas compris dans le préfent Traité, ni à titre de ceffions, ni à titre de reftitutions, feront rendus fans difficulté, & fans exiger de compenfations.

X X I V.

COMME il eft néceffaire de défigner une époque fixe pour les reftitutions & les évacuations à faire par chacune des Hautes Parties contractantes, il eft convenu que les Troupes françoifes & britanniques completteront avant le 15 de Mars prochain tout ce qui reftera à exécuter des articles XII & XIII des Préliminaires fignés le 3.ᵉ jour de Novembre paffé, par rapport à l'évacuation à faire dans l'Empire ou ailleurs.

D

L'ifle de Belle-ifle fera évacuée fix femaines après l'échange des ratifications du préfent Traité, ou plus tôt fi faire fe peut.

La Guadeloupe, la Defirade, Marie-Galante, la Martinique & Sainte-Lucie, trois mois après l'échange des ratifications du préfent Traité, ou plus tôt fi faire fe peut.

La Grande-Bretagne entrera pareillement au bout de trois mois après l'échange des ratifications du préfent Traité, ou plus tôt fi faire fe peut, en poffeffion de la rivière & du port de la Mobile, & de tout ce qui doit former les limites du territoire de la Grande-Bretagne du côté du fleuve de Miffiffipi, telles qu'elles font fpécifiées dans l'article VII.

L'ifle de Gorée fera évacuée, par la Grande-Bretagne, trois mois après l'échange des ratifications du préfent Traité; & l'ifle de Minorque, par la France, à la même époque, ou plus tôt fi faire fe peut: & felon les conditions de l'article VI, la France entrera de même en poffeffion des ifles de Saint-Pierre & de Miquelon, au bout de trois mois après l'échange des ratifications du préfent Traité.

Les Comptoirs aux Indes orientales feront rendus fix mois après l'échange des ratifications du préfent Traité, ou plus tôt fi faire fe peut.

La place de la Havane, avec tout ce qui a été

conquis dans l'ifle de Cuba, fera reftitué trois mois après l'échange des ratifications du préfent Traité, ou plus tôt fi faire fe peut; & en même temps la Grande-Bretagne entrera en poffeffion du pays cédé par l'Efpagne, felon l'article XX.

Toutes les places & pays de Sa Majefté Très-Fidèle en Europe, feront reftitués immédiatement après l'échange des ratifications du préfent Traité ; & les Colonies portugaifes qui pourront avoir été conquifes, feront reftituées dans l'efpace de trois mois dans les Indes occidentales, & de fix mois, dans les Indes orientales, après l'échange des ratifications du préfent Traité, ou plus tôt fi faire fe peut. Toutes les places dont la reftitution eft ftipulée ci-deffus, feront rendues avec l'artillerie & les munitions qui s'y font trouvées lors de la conquête ; en conféquence de quoi les ordres néceffaires feront envoyés, par chacune des Hautes Parties contraďantes, avec les paffeports réciproques pour les Vaiffeaux qui les porteront, immédiatement après l'échange des ratifications du préfent Traité.

X X V.

SA MAJESTÉ Britannique, en fa qualité d'Électeur de Brunfwick-Lunebourg, tant pour lui que pour fes héritiers & fucceffeurs, & tous les États & poffeffions de Sadite Majefté en Allemagne, font compris & garantis par le préfent Traité de Paix.

X X V I.

LEURS facrées Majeftés Très-Chrétienne, Catholique, Britannique & Très-Fidèle, promettent d'obferver fincèrement & de bonne foi, tous les articles contenus & établis dans le préfent Traité, & Elles ne fouffriront pas qu'il y foit fait de contravention directe ou indirecte par leurs Sujets refpectifs : Et les fufdites Hautes Parties contractantes fe garantiffent généralement & réciproquement toutes les ftipulations du préfent Traité.

X X V I I.

LES ratifications folemnelles du préfent Traité, expédiées en bonne & dûe forme, feront échangées en cette ville de Paris, entre les Hautes Parties contractantes, dans l'efpace d'un mois, ou plus tôt s'il eft poffible, à compter du jour de la fignature du préfent Traité.

EN foi de quoi, Nous fouffignés, leurs Ambaffadeurs extraordinaires & Miniftres plénipotentiaires , avons figné de notre main, en leur nom, & en vertu de nos plein-pouvoirs, le préfent Traité définitif, & y avons fait appofer le cachet de nos armes.

FAIT à Paris le dix de février mil fept cent foixante - trois.

CHOISEUL DUC DE PRASLIN. EL MARQUES DE GRIMALDI. BEDFORD C. P. S.

    (L. S.)   *(L. S.)*   *(L. S.)*

ARTICLES SÉPARÉS.

I.

QUELQUES-UNS des Titres employés par les Puif-fances contractantes, foit dans les Plein-pouvoirs & autres actes, pendant le cours de la négociation, foit dans le préambule du préfent Traité, n'étant pas géné-ralement reconnus, il a été convenu qu'il ne pourroit jamais en réfulter aucun préjudice pour aucune defdites Parties contractantes, & que les Titres pris ou omis de part & d'autre, à l'occafion de ladite négociation & du préfent Traité, ne pourront être cités ni tirés à conféquence.

I I.

IL a été convenu & arrêté que la Langue françoife employée dans tous les exemplaires du préfent Traité, ne formera point un exemple qui puiffe être allégué, ni tiré à conféquence, ni porter préjudice en aucune manière à aucune des Puiffances contractantes; & que l'on fe conformera à l'avenir à ce qui a été obfervé & doit être obfervé, à l'égard & de la part des Puif-fances qui font en ufage & en poffeffion de donner & de recevoir des exemplaires de femblables Traités, en une autre langue que la françoife: le préfent Traité ne laiffant pas d'avoir la même force & vertu que fi le fufdit ufage y avoit été obfervé.

D iij

I I I.

QUOIQUE le Roi de Portugal n'ait pas signé le présent Traité définitif, Leurs Majestés Très-Chrétienne, Catholique & Britannique reconnoissent néanmoins que Sa Majesté Très-Fidèle y est formellement comprise, comme Partie contractante, & comme si Elle avoit expressément signé ledit Traité. En conséquence, Leurs Majestés Très-Chrétienne, Catholique & Britannique s'engagent respectivement & conjointement avec Sa Majesté Très-Fidèle, de la façon la plus expresse & la plus obligatoire, à l'exécution de toutes & chacune des clauses contenues dans ledit Traité, moyennant son acte d'accession.

Les présens articles séparés auront la même force que s'ils étoient insérés dans le Traité.

EN foi de quoi, Nous soussignés, Ambassadeurs extraordinaires & Ministres plénipotentiaires de Leurs Majestés Très-Chrétienne, Catholique & Britannique, avons signé les présens articles séparés, & y avons fait apposer le cachet de nos armes.

FAIT à Paris, le dix de février mil sept cent soixante-trois.

CHOISEUL DUC DE PRASLIN. EL MARQUES DE GRIMALDI. BEDFORD C. P. S.
(L. S.)   *(L. S.)*   *(L. S.)*

NOUS, ayant agréables les susdits Traité définitif de paix, & articles séparés, en tous

& chacuns les points & articles qui y font contenus & déclarés, avons iceux, tant pour nous que pour nos héritiers, fucceffeurs, royaumes, pays, terres, feigneuries & fujets, accepté, approuvé, ratifié & confirmé; & par ces préfentes fignées de notre main, acceptons, approuvons, ratifions & confirmons; & le tout promettons en foi & parole de Roi, fous l'obligation & hypothéque de tous & un chacun nos biens, préfens & à venir, garder & obferver inviolablement, fans jamais aller ni venir au contraire, directement ou indirecte- ment, en quelque forte & manière que ce foit. En témoin de quoi nous avons fait mettre notre fcel à ces préfentes. DONNÉ à Verfailles le vingt-troifième jour du mois de février, l'an de grace mil fept cent foixante-trois, & de notre règne le quarante-huitième. *Signé* LOUIS. *Et plus bas,* Par le Roi, LE DUC DE CHOISEUL.

Scellé du grand fceau de cire jaune, fur

lacs de soie bleue, treſſés d'or, le ſceau enfermé dans une boîte d'argent, ſur le deſſus de laquelle ſont empreintes & gravées les armes de France & de Navarre, ſous un pavillon royal, ſoûtenu par deux anges.

RATIFICATION du Roi d'Eſpagne.

DON CARLOS, *por la gracia de Dios, Rey de Caſtilla, de Leon, de Aragon, de las dos Sicilias, de Jeruſalem, de Navarra, de Granada, de Toledo, de Valencia, de Galicia, de Mallorca, de Sevilla, de Cerdeña, de Cordova, de Corcega, de Murcia, de Jaën, de los Algarves, de Algecira, de Gibraltar, de las Iſlas de Canaria, de las Indias orientales y occidentales, Iſlas y tierra firme del mar Oceano; Archiduque de Auſtria, Duque de Borgoña, de Brabante y de Milan; Conde de Abſpurg, de Flandes, del Tirol y de Barcelona; Señor de Viſcaya y de Molina, &c. Por quanto, en conſequencia de los Preliminares de Paz entre mi Corona y la de Francia de una parte, la de Inglaterra y Portugal de otra, firmados en el Real ſitio de Fontainebleau el dia*

tres

tres de noviembre del año pasado de mil setecientos sesenta y dos por el Marques de Grimaldi con mis Plenospoderes, por el Duque de Praslin con los del Rei Christianisimo, y por el Duque de Bedford con los del Rei Britanico a que con los del Rei Fidelisimo se accedio el dia veinte y dos del mismo mes por Don Martin de Mello y Castro, y cuyas ratificaciones se cangearon despues en el tiempo y forma debida, han trabajado succesivamente estos mismos Plenipotenciarios al ajuste de un Tratado de Paz definitivo y logrado, felizmente concluirle, firmandole los de España, Francia, y Inglaterra, accediendo el de Portugal, y admitiendo cada qual de los otros tres su accesion; el tenor del qual Tratado, articulos que comprende, y separados es el siguiente.

Fiat insertio.

Por tanto, haviendo visto y examinado el referido Tratado, los veinte y siete articulos que comprende, y los tres separados que se le siguen, he venido en aprobar y ratificar quanto el y ellos contienen, como en virtud de la presente lo apruebo y ratifico en la mejor y mas amplia forma que puedo; prometiendo en fé y palabra de Rei de cumplirlo y observarlo, hacer que se cumpla *y obſerve interamente, como ſi yo miſmo lo hubieſe hecho y firmado. En fé de lo qual mandé deſpachar la preſente firmada de mi mano, ſellada con mi ſello ſecreto, y refrendada de mi infraſcrito conſexero de Eſtado, y primer Secretario del deſpacho de Eſtado y de la guerra. En el Pardo à veinte y cinco de febrero de mil ſetecientos ſeſenta y tres.*

(L. S.) YO EL REY.

RICARDO WALL.

RATIFICATION
du Roi de la Grande-Bretagne.

GEORGIUS tertius, Dei gratiâ, Magnæ-Britanniæ, Franciæ & Hiberniæ Rex, fidei defenſor, Dux Brunſvicenſis & Luneburgenſis, Sacri Romani Imperii Archi-theſaurarius & Princeps Elector, &c. Omnibus & ſingulis, ad quos præſentes hæ litteræ pervenerint, Salutem. Quandoquidem Tractatus quidam definitivus Pacis unà cum tribus articulis ſeparatis, eòdem ſpectantibus, inter nos & bonos fratres noſtros Regem Chriſtianiſſimum ac Regem Catholicum, per Legatos extraordinarios & Miniſtros plenipotentiarios, hinc indè sufficienti authoritate munitos, apud Lutetiam Parisiorum, die decimo præsentis mensis februarii, conclusus signatusque fuerit, formâ & verbis quæ sequuntur.

Fiat insertio.

Nos, visis perpensisque Pacis Tractatu definitivo & articulis separatis suprà scriptis, eosdem in omnibus & singulis eorumdem articulis & clausulis, approbavimus, ratos, gratos firmosque habuimus, sicut per præsentes pro nobis, hæredibus & successoribus nostris, eosdem approbamus, ratos, gratos, firmosque habemus, spondentes & in verbo regio promittentes, nos omnia & singula, quæ in Tractatu & articulis separatis prædictis continentur, sanctè & inviolabiliter præstituros & observaturos, neque permissuros unquam, quantum in nobis est, ut à quopiam violentur, aut ullo modo iisdem contraveniatur. In quorum omnium majorem fidem & robur, hisce præsentibus manu nostrâ regiâ signatis, magnum nostrum Magnæ-Britanniæ sigillum appendi fecimus. Quæ dabantur in palatio nostro Divi Jacobi, vicesimo primo die februarii, anno Domini millesimo septingentesimo sexagesimo tertio, regnique nostri tertio.

GEORGIUS R.

E ij

DÉCLARATION

Du Ministre plénipotentiaire du Roi, concernant les dettes du Canada.

LE ROI de la Grande-Bretagne ayant defiré que le payement des Lettres de change & Billets qui ont été délivrés aux Canadiens, pour les fournitures faites aux Troupes françoifes, fût affuré; Sa Majefté Très-Chrétienne, très-difpofée à rendre à chacun la juftice qui lui eft légitimement dûe, a déclaré & déclare que lefdits Billets & Lettres de change feront exactement payés, d'après une liquidation faite dans un temps convenable, felon la diftance des lieux & la poffibilité; en évitant néanmoins que les Billets & Lettres de change, que les Sujets françois pourroient avoir au moment de cette déclaration, ne foient confondus avec les Billets & Lettres de change qui font dans la poffeffion des nouveaux Sujets du Roi de la Grande-Bretagne.

EN foi de quoi, Nous, Miniftre fouffigné de Sa Majefté Très-Chrétienne, à ce dûement autorifé, avons signé la présente déclaration, & à icelle fait appofer le cachet de nos armes.

DONNÉ à Paris le dix de février mil fept cent foixante-trois.

(L. S.) CHOISEUL DUC DE PRASLIN.

***

DÉCLARATION

De l'Ambaffadeur extraordinaire & Miniftre plénipotentiaire de Sa Majefté Britannique, concernant les limites du Bengale dans les Indes orientales.

NOUS fouffigné, Ambaffadeur extraordinaire & plénipotentiaire du Roi de la Grande-Bretagne, pour prévenir tout fujet de conteftation à l'occafion des limites des États du Subab de Bengale, ainfi que de la côte de Coromandel & d'Orixa, déclarons, au nom & par ordre de Sadite Majefté Britannique, que lefdits États du Subab de Bengale feront cenfés ne s'étendre que jufqu'à Yanaon exclufivement, & qu'Yanaon fera regardé comme

38

compris dans la partie septentrionale de la côte
de Coromandel ou d'Orixa.

En foi de quoi, Nous, souffigné Miniftre plénipotentiaire de Sa Majefté le Roi de la Grande-
Bretagne, avons figné la préfente déclaration, &
y avons fait appofer le cachet de nos armes.

Fait à Paris le dix de février mil fept cent
foixante-trois.

Bedfort. C. P. S. (L. S.)

PLEIN-POUVOIR DU ROI.

Louis, par la grace de Dieu, Roi
de France et de Navarre : A tous ceux
qui ces préfentes lettres verront; Salut. Comme
les Préliminaires, fignés à Fontainebleau le 3
Novembre de l'année dernière, ont pofé les fondemens de la Paix, rétablie entre nous & notre
très-cher & très-amé bon frère & coufin, le Roi
d'Efpagne, d'une part; & notre très-cher & très-
amé bon frère, le Roi de la Grande-Bretagne;
& notre très-cher & très-amé bon frère & coufin,
le Roi de Portugal, de l'autre; Nous n'avons rien

eu plus à cœur, depuis cette heureuse époque,
que de consolider & affermir, de la façon la plus
durable, un si salutaire & si important ouvrage,
par un Traité solennel & définitif entre nous &
lesdites Puissances. POUR CES CAUSES, & autres
bonnes considérations à ce nous mouvant, nous
confiant entièrement en la capacité & expérience,
zèle & fidélité pour notre service, de notre très-
cher & bien amé cousin César-Gabriel de Choiseul,
Duc de Praslin, Pair de France, Chevalier de nos
Ordres, Lieutenant général de nos armées & de
la province de Bretagne, Conseiller en tous nos
Conseils, & Ministre & Secrétaire d'État & de
nos commandemens & finances, Nous l'avons
nommé, commis & député; & par ces présentes
signées de notre main, le nommons, commettons
& députons notre Ministre plénipotentiaire, lui
donnant plein & absolu pouvoir d'agir en cette
qualité, & de conférer, négocier, traiter & con-
venir, conjointement avec le Ministre plénipotentiaire de notre très-cher & bien amé bon frère
& cousin, le Roi d'Espagne; le Ministre plénipotentiaire de notre très-cher & très-amé bon frère,
le Roi de la Grande - Bretagne; & le Ministre

plénipotentiaire de notre très-cher & très-amé bon frère & coufin le Roi de Portugal, revêtus de plein-pouvoirs en bonne forme, arrêter, conclurre & figner tels articles, conditions, conventions, déclarations, Traité définitif, acceffions & autres actes quelconques, qu'il jugera convenables pour affurer & affermir le grand ouvrage de la paix; le tout avec la même liberté & autorité que nous pourrions faire nous-mêmes, fi nous y étions préfens en perfonne, encore qu'il y eût quelque chofe qui requît un mandement plus fpécial qu'il n'eft contenu dans ces préfentes : Promettant, en foi & parole de Roi, d'avoir agréable, tenir ferme & ftable à toûjours, accomplir & exécuter ponctuellement tout ce que notredit coufin, le Duc de Praflin, aura ftipulé & figné en vertu du préfent plein-pouvoir, fans jamais y contrevenir, ni permettre qu'il y foit contrevenu, pour quelque caufe & fous quelque prétexte que ce puiffe être; comme auffi d'en faire expédier nos lettres de ratification en bonne forme, & de les faire délivrer pour être échangées dans le temps dont il fera convenu : CAR TEL EST NOTRE PLAISIR. En témoin de quoi nous avons fait mettre notre fcel à ces

préfentes.

préfentes. DONNÉ à Verfailles le feptième jour du mois de février, l'an de grace mil fept cent foixante-trois, & de notre règne le quarante-huitième. *Signé* LOUIS. *Et fur le repli,* Par le Roi, LE DUC DE CHOISEUL. Et fcellé du grand fceau de cire jaune.

PLEIN-POUVOIR du Roi d'Efpagne.

DON CARLOS, por la gracia de Dios, Rey de Caftilla, de Leon, de Aragon, de las dos Sicilias, de Jerufalem, de Navarra, de Granada, de Toledo, de Valencia, de Galicia, de Mallorca, de Sevilla, de Cerdeña, de Cordova, de Corcega, de Murcia, de Jaën, de los Algarbes, de Algecira, de Gibraltar, de las Iflas de Canaria, de las Indias Orientales, y Occidentales, Iflas y Tierra firme del Mar oceano; Archiduque de Auftria, Duque de Borgoña, de Bra-bante, y de Milan; Conde de Abfpurg, de Flandes, del Tirol, y de Barcelona; Señor de Vifcaya, y de Molina, &c. Por quanto haviendofe concluido y firmado en el real fitio de Fontainebleau el dia tres de noviembre del prefente año, y cangeadofe las refpectivas ratifi-caciones el veinte y dos del mifmo mes, por Miniftros autorizados â efte fin, los Preliminares de una Paz solida y duradera entre esta Corona y la de Francia de una parte, la de Inglaterra y la de Portugal de otra; en los quales se promete venir luego à un Tratado definitivo, estableciendo, y arreglando los punctos capitales sobre que ha de girar; y respecto à que del mismo modo que concedi mi Plenopoder para tratar, ajustar y firmar los mencionados Preliminares à vos Don Geronimo Grimaldi, Marques de Grimaldi, Caballero de la Orden de Sancti Spiritus, mi Gentilhombre de Camara con exercicio, y mi Embaxador Extraordinario al Rey Christianissimo, se necesita que à vos, ò à otro le conceda para tratar, ajustar, y firmar el mencionado prometido Tratado definitivo de Paz: Por tanto, estando vos el citado Don Geronimo Grimaldi, Marques de Grimaldi en el parage necessario, y teniendo yo cada dia mas motibos para fiaros esta y otras tales importancias de mi Corona, por vuestra acrisolada fidelidad y zelo, capacidad y prudencia; he venido en constituiros mi Ministro Plenipotenciario, y en concederos toto mi Plenopoder para que en mi nombre, y representando mi propria persona, trateis, arregleis, convengais, y firmeis dicho Tratado definitivo de Paz, entre mi Corona y la de Francia de una parte, la de Inglaterra y la de Portugal de otra, con los Ministros que estubieren autorizados igual y especialmente por *sus respectivos soberanos al mismo fin, dando, como doi desde a hora por grato y rato todo lo que así trateis, concluyais y firmeis; y ofreciendo bajo mi palabra real, que lo observare y cumplire, lo hare observar y complir como si por mi mismo lo huviese tratado, concluido y firmado. En fé de lo qual hize expedir el presente firmado de mi mano, sellado con mi sello secreto, y refrendado de mi infra scrito Consejero de Estado y mi primer Secretario del Despacho de Estado y de la guerra. En Buen retiro à diez de diciembre de mil setecientos sesenta y dos.*

(L. S.) Y O E L R E Y.

R I C A R D O WA L L.

PLEIN-POUVOIR
du Roi de la Grande-Bretagne.

*G*EORGIUS *tertius, Dei gratiâ, Magnæ-Britanniæ, Franciæ & Hiberniæ Rex, fidei defensor, Dux Brunsvicensis & Luneburgensis, Sacri Romani Imperii Archi-thesaurarius & Princeps Elector, &c. Omnibus & singulis, ad quos præsentes hæ litteræ pervenerint, Salutem. Cùm ad pacem perficiendam inter nos & bonum fratrem nostrum, Regem Fidelissimum, ex unâ* *parte, & bonos fratres nostros Reges, Christianissimum & Catholicum, ex alterâ, quæ jam, signatis apud Fontainebleau die mensis currentis tertio Articulis Preliminariis, feliciter inchoata est, eamque ad finem exoptatum perducendam, virum aliquem idoneum ex nostrâ parte, plenâ auctoritate munire nobis è re visum sit; sciatis quod nos, fide, judicio, atque in rebus maximi momenti tractandis usu ac solertiâ, perdilecti & perquàm fidelis, consanguinei & Consiliarii nostri, Johannis Ducis & Comitis de Bedford, Marchionis de Tavistock, Baronis Russel de Cheneys, Baronis Russel de Thornhaugh, & Baronis Howland de Streatham, Exercituum nostrorum Locumtenentis generalis, privati nostri sigilli Custodis, comitatuum Bedfordiæ & Devoniæ Locumtenentis, & Custodis rotulorum, nobilissimi ordinis nostri periscelidis Equitis, & Legati nostri Extraordinarii & Plenipotentiarii, apud bonum fratrem nostrum Regem Christianissimum, plurimùm confisi, eumdem nominavimus, fecimus, constituimus & ordinavimus, quemadmodum per præsentes nominamus, facimus, constituimus & ordinamus, verum, certum & indubitatum Ministrum, Commissarium, Deputatum, Procuratorem & Plenipotentiarium nostrum, dantes eidem omnem & omnimodam potestatem, facultatem, auctoritatemque, necnon mandatum generale,* pariter ac speciale, (ita tamen ut generale speciali non deroget, nec è contra) pro nobis & nostro nomine, unà cum Legatis, Commissariis, Deputatis & Plenipotenciariis Principum, quorum interesse poterit, sufficienti itidem potestate atque auctoritate instructis, tam singulatim ac divisim, quàm aggregatim ac conjunctim, congrediendi & colloquendi atque cum ipsis de pace firmâ & stabili, sincerâque amicitiâ & concordiâ, quantociùs restituendis, conveniendi, tractandi, consulendi & concludendi, idque omne, quod ita conventum & conclusum fuerit, pro nobis & nostro nomine subsignandi, atque tractatum tractatusve, super ita conventis & conclusis conficiendi, omniaque alia, quæ ad opus supradictum feliciter exequendum pertinent, transigendi, tam amplis modo & formâ, ac vi effectuque pari, ac nos, si interessemus, facere & præstare possemus ; spondentes, & in verbo Regio promittentes, nos omnia & singula quæcumque à dicto nostro Plenipotenciario, transigi & concludi contigerit, grata, rata & accepta, omni meliori modo, habituros, neque passuros unquam, ut in toto, vel in parte, à quopiam violentur, aut ut eis in contrarium eatur. In quorum omnium majorem fidem & robur, præsentibus manu nostrâ Regiâ signatis, magnum nostrum Magnæ - Britanniæ sigillum appendi fecimus. Quæ *dabantur in Palatio noftro divi Jacobi, die duodecimo menfis novembris anno Domini millefimo feptingentefimo fexagefimo fecundo, regnique noftri tertio.*

GEORGIUS R.

ACCESSION du Roi de Portugal.

LOUIS, PAR LA GRACE DE DIEU, ROI DE FRANCE ET DE NAVARRE: A tous ceux qui ces préfentes lettres verront; SALUT. Comme notre très-cher & bien amé coufin, le Duc de Praflin, Pair de France, Chevalier de nos Ordres, Lieutenant général de nos armées & de notre province de Bretagne, Confeiller en tous nos Confeils, & Miniftre & Secrétaire d'État & de nos Commandemens & finances, en vertu du Plein-pouvoir que nous lui en avons donné, auroit conclu, arrêté & figné le 10 du préfent mois de février, avec le fieur de Mello y Caftro, Chevalier-Profès de l'Ordre de Chrift, du Confeil de notre très-cher & très-amé frère & coufin, le Roi de Portugal, & fon Ambaffadeur & Miniſtre plénipotentiaire près de nous, pareillement muni de ſon Plein-pouvoir, un acte contenant d'une part, l'acceſſion de notre-dit frère & couſin, le Roi de Portugal, au Traité définitif de Paix & articles ſéparés, conclus & ſignés à Paris le même jour 10 de février, en notre nom & en celui de notre très-cher & très-amé frère & couſin, le Roi d'Eſpagne, & de notre très-cher & très-amé frère le Roi de la Grande-Bretagne; & de l'autre, l'acceptation faite en notre nom de ladite acceſſion, duquel acte la teneur s'enſuit.

Au nom de la très-ſainte & indiviſible Trinité, Père, Fils & Saint-Eſprit. Ainſi ſoit-il.

Soit notoire à tous ceux qu'il appartiendra, ou peut appartenir. Les Ambaſſadeurs & Miniſtres plénipotentiaires de Sa Majeſté Très-Chrétienne, de Sa Majeſté Catholique, & de Sa Majeſté Britannique, ayant conclu & ſigné à Paris le 10 de février de cette année, un Traité définitif de Paix, & des articles ſéparés, deſquels la teneur s'enſuit.

Fiat inſertio.

Et leſdits Ambaſſadeurs & Plénipotentiaires, ayant

amiablement invité l'Ambaffadeur & Miniftre plénipotentiaire de Sa Majefté Très-Fidèle, d'y accéder au
nom de Sadite Majefté : Les Miniftres plénipotentiaires
fouffignés, favoir, de la part du féréniffime & très-
puiffant Prince LOUIS XV, par la grace de Dieu, Roi
de France & de Navarre, le très-illuftre & très-excellent
Seigneur Céfar-Gabriel de Choifeul, Duc de Praflin,
Pair de France, Chevalier de fes Ordres, Lieutenant
général de fes armées & de la province de Bretagne,
Confeiller en tous fes Confeils, & Miniftre & Secrétaire
d'État & de fes commandemens & finances : Et de
la part du féréniffime & très-puiffant Prince Dom
JOSEPH Ier, par la grace de Dieu, Roi de Portugal &
des Algarves, le très-illuftre & très-excellent Seigneur
Martin de Mello y Caftro, Chevalier-profès de
l'Ordre de Chrift, du Confeil de Sa Majefté Très-
Fidèle, & fon Ambaffadeur & Miniftre plénipotentiaire
près de Sa Majefté Très-Chrétienne, en vertu de leurs
pleins-pouvoirs, qu'ils fe font communiqués, & dont
copies feront ajoûtées à la fin du préfent acte, font
convenus de ce qui fuit.

Sa Majefté Très-Fidèle defirant concourir au plus
prompt rétabliffement de la Paix, accéde, en vertu du
préfent acte, auxdits Traité définitif & articles féparés,
tels qu'ils font tranfcrits ci-deffus, fans aucune réferve
ni exception; dans la ferme confiance que tout ce qui
y eft promis à Sadite Majefté fera accompli de bonne
foi :

foi : déclarant en même temps, & promettant d'accomplir avec une égale fidélité tous les articles, claufes & conditions qui la concernent.

De fon côté, Sa Majefté Très-Chrétienne accepte la préfente acceffion de Sa Majefté Très-Fidèle, & promet pareillement d'accomplir, fans aucune réferve ou exception, tous les articles, claufes & conditions contenus dans ledit Traité définitif, & les articles féparés, ci-deffus inférés.

Les ratifications du préfent acte feront échangées dans l'efpace d'un mois, à compter de ce jour, ou plus tôt fi faire fe peut.

En foi de quoi, Nous, Miniftres plénipotentiaires de Sa Majefté Très-Chrétienne & de Sa Majefté Très-Fidèle, avons figné le préfent acte, & y avons fait appofer le cachet de nos armes. FAIT à Paris le dix de février mil fept cent foixante-trois.

CHOISEUL DUC DE PRASLIN.   DE MELLO Y CASTRO.
     (L. S.)   *(L. S.)*

NOUS, ayant agréable le fufdit acte d'acceffion & d'acceptation, en tous & chacuns les points & articles qui y font contenus & déclarés, avons icelui, tant pour nous que pour nos héritiers, fucceffeurs, royaumes, pays, terres,

G

ſeigneuries & ſujets, accepté, approuvé, ratifié & confirmé, & par ces préſentes ſignées de notre main, acceptons, approuvons, ratifions & confirmons; & le tout promettons, en foi & parole de Roi, garder ſincèrement & inviola-biement, ſans jamais aller, ni ſouffrir qu'il ſoit allé au contraire, directement ou indirectement en quelque ſorte & manière que ce ſoit, & pour quelque cauſe que ce puiſſe être. En témoin de quoi nous avons fait mettre notre ſcel à ces préſentes. DONNÉ à Verſailles le vingt-troi-ſième jour du mois de février, l'an de grace mil ſept cent ſoixante-trois, & de notre règne le quarante-huitième. *Signé* LOUIS. *Et plus bas,* Par le Roi, LE DUC DE CHOISEUL.

Scellé du grand ſceau de cire jaune, ſur lacs de ſoie bleue, treſſés d'or, le ſceau enfermé dans une boîte d'argent, ſur le deſſus de laquelle ſont empreintes & gravées les armes de France & de Navarre, ſous un pavillon royal, ſoûtenu par deux anges.

RATIFICATION du Roi de Portugal.

*D*OM *JOSEPH*, *por graça de Deus, Rey de Portugal, e dos Algarves, d'aquem, e d'alem Mar, em Africa Senhor de Guiné, e da Conquista, Navegaçaõ', Comercio de Etiopia, Arabia, Persia e da India, &c. Por quanto havendose assignado em Paris no dia dez do presente mez de fevereiro hum Tratado definitivo de Paz, e os artigos separados delle entre os Serenissimos e Potentissimos Principes Luis XV Rey Christianissimo de França, Jorge III Rey da Graõ'-Bretanha, e Dom Carlos III Rey Catholico de Espanha : Por quanto em Razaõ' de me haver sido comunicado o sobredito Tratado de Paz e os artigos separados delle, convidandose me para acceder a elles, autorisei a Martinho de Mello de Castro do meu Conselho, e meu Embaixador e Ministro plenipotenciario na referida corte de Paris, munindoo com todos os Plenospoderes necessarios para acceder se unir, e associar a o sobredito Tratado, como effectivamente accedeõ, se unio e associou pelo acto nesta incorporado : E por quanto o referido acto de accessaõ', uniaõ', e associaçaõ' foi aceito em forma pelo Duque de Praslin Ministro e Secretario de Estado, e Plenipotenciario*

G ij

de fua dita Mageftade Chriftianiffima, em nome de el Rey feu amo por outro acto affignado em Paris no dito dia dez de fevereiro; cuyo Tractado, actos de acceffaõ, uniaõ, e affociaçaõ, e de aceilaçaõ delles faõ do Theor feguinte.

Fiat infertio.

Por tanto havendo eu vifto e examinado, affim os referidos actos de acceffaõ, uniaõ, e affociaçaõ, como o Tratado definitivo de Paz, e os artigos feparados depois delle efcriptos: E achando tudo contratado e affignado pelo meu fobredito Embaixador e Miniftro plenipotençiario, na conformidade das inftrucçoes e Poderes que lhe fis expedir para efte effecto: Me deliberei a aprovar, e ratificar, como em virtude da prefente aprovo, e ratifico o fobredito Tratado, e as referidas acceffaõ, uniaõ, e affociaçaõ na forma em que no meu nome fe acha affignada, e aceita fem reftricçaõ alguma, e no melhor, e mais amplo modo que poffo; prometendo de baixo da fé e palavra de Rey, tudo haver por firme e valiofo, e de o cumprir taõ inteiramente como nos mefmos Tratado, e actos fe contem. **Para** *major firmeza de tudo o referido mando expedir a prefente carta de ratificaçaõ por mim affignada, fellada como fello das minhas armas, e*

*referendada pelo meu Miniſtro e Secretario de Eſtado
dos negocios eſtrangeiros e da guerra a baixo aſſignado.
Dada no palacio de noſſa Senhora da Ajudano dia
vinte e cinco de fevereiro do anno do naſcimento de
Noſſo Senhor Jeſus-Chriſto de mil ſetecentos e ſeſſenta
e tres.*

(L. S.)　　EL REY *JR*.ː.

DOM LUIS DA CUNHA.

DÉCLARATION
*De l'Ambaſſadeur & Miniſtre plénipo-
tentiaire de Sa Majeſté Très-Fidèle,
concernant l'Alternative avec les Rois
de France & de la Grande-Bretagne.*

COMME à la fin de la négociation du Traité
définitif, ſigné à Paris cejourd'hui 10 février, il
s'eſt élevé une difficulté ſur l'ordre des ſignatures,
qui auroit pû retarder la concluſion dudit Traité,
Nous, ſouſſigné Ambaſſadeur & Miniſtre plénipotentiaire de Sa Majeſté Très-Fidèle, déclarons
que l'Alternative obſervée de la part du Roi Très-
Chrétien & de la part du Roi de la Grande-
Bretagne, avec le Roi Très-Fidèle, dans l'Acte

d'acceſſion de la Cour de Portugal, n'a été accordée par Leurs Majeſtés Très - Chrétienne & Britannique, que dans l'unique vûe d'accélérer la concluſion dudit Traité définitif, & de conſolider par-là plus promptement un ouvrage ſi important & ſi ſalutaire, & que cette complaiſance de Leurs Majeſtés Très-Chrétienne & Britannique ne pourra tirer à aucune conſéquence pour l'avenir; la Cour de Portugal ne pourra jamais l'alléguer comme un exemple en ſa faveur, ni s'en faire aucun droit, titre ou prétention, pour quelque cauſe, ni ſous quelque prétexte que ce ſoit. En foi de quoi, Nous, Ambaſſadeur & Miniſtre plénipotentiaire de Sa Majeſté Très-Fidele, à ce dûement autoriſé, avons ſigné la préſente déclaration, & y avons fait appoſer le cachet de nos armes. FAIT à Paris, le dix de février mil ſept cent ſoixante-trois.

(L. S.) MARTIN DE MELLO Y CASTRO.

PLEIN-POUVOIR du Roi de Portugal.

DOM JOSEPH, por graça de Deus, Rey de Portugal e dos Algarves d'aquem, e d'alem Mar, em Africa Senhor de Guiné, e da Conquiſta, Navegaçao',

Commerçio de Ethiopia, Arabia, Perſia e da India, &c.
Faço ſaber a os que eſta minha carta Patente virem,
que naó havendo couza para mim mais dezejavel do
que ver extincto o fogo da guerra, que ha tantos
annos arde em toda a Europa; e cooperar (quanto
em mim for) para que della ſe ſiga huma paz
juſta, e eſtabeleçida ſobre principios ſolidos: E ſendo
informado, de que nas meſmas pacificas diſpozições
ſe acha grande parte das Potencias belligerantes :
Devendo nomear Peſſoa, que pela ſua nobreza, pru-
dençia, e dexteridade ſe faça digna da minha confiança,
para aſſiſtir em meu nome as Aſſembleas, e conferençias, que ſe tiverem ſobre eſte importante negoçio :
Por concorrerem eſtas diſtinctas qualidades em Martinho de Mello de Caſtro do meu Conſelho e meu
Inviado Extraordinario e Plenipotençiario na Corte de
Londres, E pela experiençia que tenho de que em tudo
o de que o encarreguei me ſervio ſempre à minha
ſatisfaçaó, para eſperar, que daqui em diante acreſ-
centará novos motivos à confiança que nelle tenho
poſto, o nomeio e conſtituo meu Embaixador e Plenipotençiario para que como tal aſſiſta em meu nome,
em quaeſquer Congreſſos, Aſſembleas, ou conferençias
aſſim publicas, como particulares emque ſe tratarem
negoçios de pacificaçaó : Negoçiando e concordando

com os Embaixadores e Plenipotençiarios das ditas Potençias belligerantes, tudo o que for concernente à mesma paz: E concluindo o que negoçiar entre mim, e quaefquer Reys, e Principes belligerantes, e de baixo das condiçoe's, que no meu real nome eftipular: Porque para tudo o referido lhe concedo todos os Plenofpoderes, e mandatto geral e efpecial que neceffario he: E prometto de baixo da fé, e palavra de Rey que tudo haverei por firme e valiofo, e ratificarei no tempo ajuftado, tudo o que pelo dito meu Embaixador e Plenipotençiario for contractado e eftipulado com os ditos Embaixadores e Miniftros dos Reys e Principes belligerantes, que por Elles forem munidos com iguaes Poderes. Em fé do que mandei fazer à prefente, por mim affignada, fellada com o fello pendente das minhas armas, e referendada pelo meu Secretario e Miniftro de Eftado dos Negocios Eftrangeiros e da guerra. Dada no Palacio de Noffa Senhora da Ajuda aos defoito dias do mes de fetembro do anno do nafcimento de Noffo Senhor Jefus-Chrifto de mil fetecentos e feffenta e dous.

(Locus Sigilli pendentis.)   E L   R E Y.

D. LUIS DA CUNHA.

www.ingramcontent.com/pod-product-compliance
Ingram Content Group UK Ltd.
Pitfield, Milton Keynes, MK11 3LW, UK
UKHW022135170726
13837UKWH00004B/1575